Wie diese Steine hierher gelangt sind,
ob gesammelt und angehäuft von Menschenhand,
oder aufgeschichtet durch Vorgänge in der Natur,
ist für den Wanderer nicht wichtig zu wissen.
Sie sind einfach da.

Auch dein Leben hat steinige Wege –
Wege, die mit Steinen gestückt sind,
die andere dir in den Weg legen,
bewusst oder unbewusst.

Für dich ist nur wichtig,
wie du mit ihnen umgehst:
ob du dich mit ihnen vertraut machst,
sie hinnimmst
oder sie aus dem Weg räumst.

Auf einem Gipfel stehen,
über das ausgedehnte Land schauen:
ein Traum,
den sich nur wenige tagtäglich verwirklichen können.

Auch in deiner Lebenszeit
werden die Gipfelmomente, die Höhepunkte
nicht alltäglich sein.

Aber gerade deshalb kannst du daraus
umso mehr Kraft für den Alltag schöpfen.

Ob in prunkvollen Villen
oder in Slums,
ob auf weitläufig angelegten Grundstücken
oder in schachtelartig gestapelten Häuserfluchten:

Überall leben Menschen,
richten auf ihre Weise ihr Leben ein,
bemüht, der Zeit, die sie hier verbringen,
etwas Farbe und Fülle zu geben.

Alle leben mit Hoffnungen oder mit Ängsten,
in Zufriedenheit oder in Sorgen,
empfinden Schmerz oder Freude –
genau wie du, wo immer du lebst.

Wie wenig braucht die Natur,
um zu strahlen:
Zartes junges Grün,
ein leicht vom Wind bewegter See,
das Licht der Sonne,
die dem Ganzen erst diesen Glanz verleiht –
ein heller, lichter Tag,
den man hier gern verbringen möchte.

Wenn du dein Leben damit vergleichst,
wirst du erkennen:
Mit ein wenig Licht
kann es auch für dich
viele leuchtende Tage geben.

Wer für dich Licht ist,
wird dir gegeben.
Aber auch du
kannst für manche Licht sein.

Die Liebe zum Detail ist es,
die am Portal des Gotteshauses beeindruckt.
Mit viel Sorgfalt gefertigt und geschmiedet,
möchte es schon beim Betreten
ein Zeugnis sein vom Glauben an Gott.

Wie viel Hingabe und Liebe zum Detail
verwendest du in deinem Leben
für die Dinge,
die dir wichtig sind?

Manchmal packt dich das Fernweh
und du möchtest alles hinter dir lassen,
mit dem Boot in Richtung
der aufgehenden Sonne fahren,
Abenteuer erleben,
fremde Menschen und Länder kennen lernen.

Tu es, wenn sich die Möglichkeit dazu bietet.
Was spricht dagegen,
manchmal im Leben
seinen Träumen auch Gestalt zu geben?

Die Erinnerungen daran
kann dir später niemand mehr nehmen.

Eine Festung,
Symbol von Macht und Stärke,
abweisende Mauern auf massivem Fels und Gestein,
abschreckend und nur schwer einnehmbar
für alle Feinde,
aber genauso kalt und verschlossen
für Wohlgesonnene.

Wie willst du sein:
hart und unnachgiebig,
streng und abweisend dein Ich verteidigend,
oder offen und aufgeschlossen,
bereit für die Fülle und Vielfalt des Lebens,
das dich umgibt
und sich dir anbietet?

Die Spinne hat sich viel Zeit genommen,
um ihr feines Kunstwerk zu wirken.
Mit den Zweigen,
die sich ihr anboten,
hat sie das Netz sicher verwoben.
Jetzt können ihm Wind und Regen
nichts mehr anhaben.

Auch dein Leben ist ein solches Kunstwerk.
Verwende viel Sorgfalt daran,
alle Möglichkeiten,
die dir offen stehen,
einzubinden,
damit du an stürmischen und regnerischen Tagen
standhalten kannst.

Hier hat sich Rost angesetzt.
Lange Zeit nicht mehr gebraucht,
Wind und Wetter ausgesetzt,
ist es ganz natürlich,
dass der Zahn der Zeit daran nagt.

Sorgende Hände müssten jetzt
Gestänge und Ketten vom Rost befreien,
frische Farbe auftragen,
um die frühere Funktion wiederherzustellen,
und das Ganze wieder in Betrieb zu nehmen.

Auch manche Gedanken und Vorurteile,
die sich im Lauf der Zeit
in dir festgesetzt haben,
brauchen ab und zu eine hilfreiche Hand,
um sie von Rost und Staub zu befreien
und zu erneuern.

Jedes Jahr wiederholt sich das gleiche Wunder:
Die Natur macht sich auf
und erblüht neu,
trägt neues Leben in sich,
lässt Knospen aufspringen
und zu Blüten sich entfalten.

In deiner Lebenszeit
erlebst auch du den Frühling –
lange Jahre, in denen du glaubst,
deine Kraft sei grenzenlos.

Es ist die Zeit,
in der du die Weichen deines weiteren Lebens
am sichersten stellen kannst;
wenn du es besonnen tust.

Im Mittelpunkt stehen,
die Mitte ausfüllen,
der zentrale Punkt sein –
viele sehnen sich danach,
manchen ist es unangenehm.

In deiner Lebenszeit
wirst du beide Erfahrungen machen,
und du wirst dich entscheiden müssen,
wo du jeweils stehen willst.

Nicht alles, was alt ist, hat ausgedient.
Manches findet in einer anderen Umgebung
mit einer anderen Aufgabe
neuen Sinn und neue Erfüllung.

Auch nach der aktiven Berufszeit
muss nicht die große Leere beginnen
oder gar das Warten auf den Tod.
Suche immer nach neuen Möglichkeiten
und scheue ungewöhnliche Wege nicht.

In dir steckt vielleicht mehr, als du denkst.

Selbst in eisigen Zeiten
können Eisblumen
glitzernde Lichtpunkte zaubern.

Auch in kalten und dunklen Zeiten deines Lebens,
nicht nur an sonnigen Tagen,
gibt es Lichtpunkte,
die dich auf deinem Weg begleiten
und dir Orientierung geben.

Niemand weiß,
wie viel Lebenszeit ihm noch bleibt.
Und das ist gut so.

Gelassen darfst du am Ende eines Tages
den Sonnenuntergang genießen,
der dich auf einen weiteren neuen Tag
hoffen lässt.